Como enfrentar a
DEMÊNCIA SENIL

Dados Internacionais de Catalogação na Publicação (CIP)
(Câmara Brasileira do Livro, SP, Brasil)

Olszewer, Efrain
 Como enfrentar a demência senil/ Efrain Olszewer. —
São Paulo: Ícone, 1994.

ISBN 85-274-0317-X

1. Insanidade 2. Velhice I. Título.

94-4112   CDD-362.2

Índices para catálogo sistemático:

1. Demência senil: Patologia social   362.2

EFRAIN OLSZEWER

Como enfrentar a
DEMÊNCIA SENIL

© Copyright 1995, Ícone Editora Ltda.

Produção e Capa
Anízio de Oliveira

Diagramação
Rosicler Freitas Teodoro

Revisão
Rosa Maria Cury Cardoso

Proibida a reprodução total ou parcial desta obra,
de qualquer forma ou meio eletrônico, mecânico,
inclusive através de processos xerográficos,
sem permissão expressa do editor
(Lei nº 5.988, 14/12/1973)

Todos os direitos reservados pela
ÍCONE EDITORA LTDA.
Rua Anhanguera, 56/66 — Barra Funda
CEP 01135-000 — São Paulo — SP
Tels. (011)826-7074/826-9510

DEDICATÓRIA

A vida é um constante giro de mistérios: à medida que vamos desvendando-os, maior fica. O mais importante deste circuito é que constantemente aprendemos, porém sempre falta mais alguma coisa, o que nos obriga a manter nosso aprimoramento para poder fechar o ciclo de conhecimentos — o que nunca se consegue —, não importa o tamanho do esforço que se faça.

Dedico este livro a todos que direta ou indiretamente lidam no dia-a-dia com pacientes ou familiares portadores de demência senil.

As palavras de alento podem ser inúteis, porém são as que alimentam as esperanças de um futuro melhor.

Dr. Efrain Olszewer

QUEM É EFRAIN OLSZEWER

Presidente da AMBO (Associação Médica Brasileira de Oxidologia), Diretor Editorial da Revista de Oxidologia, Consultor Científico do Instituto Americano de Medicina Preventiva, Consultor Científico da Fundação Americana de Doenças Reumáticas.

Autor de vários livros e trabalhos científicos publicados no Brasil e no exterior.

É Diretor Científico do Centro de Medicina Preventiva em São Paulo.

O importante em medicina não é o que queremos ver, e sim aquilo que vemos, para poder melhor interpretá-lo.

Podemos atingir o sucesso quando trabalhamos sem procurá-lo, porque sucesso é o resultado do trabalho.

ÍNDICE

Demência Senil 17

Envelhecimento Cerebral 24

Classificação das Demências 28

Demência Senil de Alzheimer 38

Apoio médico-familiar-social 70

O que a família deve saber 71

O que a família pode fazer 73

O paciente deve ser colocado em
Casa de Repouso? 77

O que o governo deve e pode fazer 81

Conclusões 85

Escala de Depressão Geriátrica 87

Miniexame do Estado Mental 88

Avaliação do Miniexame do
Estado Mental 90

Escore Isquêmico de Hachinski 91

Tire suas Dúvidas 92

PRÓLOGO

Demência senil é hoje uma doença que está assustando, e com relação à qual a ciência encontra-se limitada sensivelmente quanto a poder controlá-la. Existe, contudo, uma consciência de sua importância como doença que acomete a população principalmente idosa, convertendo o paciente em uma carga para a família e para a sociedade, que observam com impotência a involução e degradação que a doença produz nos pacientes por ela acometidos. O quadro da demência senil, apesar de ser aterrorizador, é pouco conhecido e, menos ainda, compreendido.

Acreditamos que com este livro ampliar-se-ão as fronteiras do conhecimento sobre a doença, fazendo com que a família e a sociedade consigam conviver com esta epidemia de forma mais amena, facilitando, principalmente, a vida dos pacientes. Em nossa atividade de médicos, principalmente cuidando de idosos, com freqüência deparamos pacientes com demência, e nossa impotência é enorme ao ver que, apesar de todas as nossas boas intenções, o quadro evolutivo é inexorável, e a degradação do indivíduo é inevitável. Custa entender, como médicos, com tantos anos de experiência, como é possível uma doença rebaixar, assim, um indivíduo a sua mínima expressão, e a medicina olhar com as mãos amarradas e impotência o curso evolutivo, sem conseguir, ao menos, fazer alguma coisa para reduzir o suplício do paciente, da família e da sociedade.

Temos utilizado uma linguagem simples para descrever esta doença horrorosa, que não faz diferença de sexo, raça, cor ou condição econômica, e de que por enquanto nem sabemos quais são os grupos de risco, o que significa que todos somos potenciais pacientes, passíveis de sofrer de demência senil.

Quero agradecer o apoio recebido de meus pacientes, que estimularam meu trabalho literário, cujo intuito é simplificar e destrinchar o conhecimento médico, a fim de se poder discutir ciência ao nível de leigos. Importante destacar a colaboração de amigos, colegas de trabalho e funcionários, que estimulam constantemente nosso trabalho. Quero ainda agradecer, em especial, à minha família, pois sem seu apoio, tolerância e paciência seria impossível manter a minha rotina de trabalho; devo agradecer a Deus por estar tão bem rodeado.

A meu amigo e editor Sr. Luiz Carlos Fanelli por colaborar na revisão deste material, brindando, sempre, de forma desinteressada, à realização deste trabalho, empenhando-se na correção, assim como na melhor colocação dos conceitos.

Quero agradecer a Deus por estar sempre ao nosso lado nos bons e maus momentos, nos cobrindo com seu manto de esperança, para obtermos um mundo melhor do ponto de vista social, econômico e, principalmente, de saúde.

Dr. Efrain Olszewer

DEMÊNCIA SENIL

Demência é o resultado de uma deterioração crônica da capacidade intelectual, suficientemente severa para interferir nas atividades diárias. As alterações apresentadas pelo paciente acometido de demência senil vão do simples estado de confusão mental até o desconhecimento dos seres mais íntimos; de dificuldades na orientação no tempo e espaço até a perda do controle dos esfíncteres, o que o leva a fazer as necessidades fisiológicas nos lugares e momentos menos apropriados; de perdas da memória recente, até um estado de prostração definitiva em posição fetal, sem capacidade de reconhecer pessoa alguma.

M. B., médico, há dois anos, começou com um discreto quadro de confusão mental, misturando as receitas, errando nas datas com freqüência, e, ainda pior, confundindo os diagnósticos e os pacientes, até que, percebendo suas limitações, decidiu aposentar-se definitivamente. O quadro clínico não permanecia estável; pelo contrário, acentuava-se com o tempo, ocasionando, inicialmente, a perda da capacidade de fixar informações novas — o que o levava a repetir, muitas vezes, as mesmas perguntas, respostas e observações.

Depois, passou a ter dificuldade para identificar os utensílios de higiene e de alimentação, assim como um estado confusional ao vestir as roupas. Após seis meses o quadro piorou rapidamente, com a perda da capacidade de formar uma oração lógica — o que, evidentemente, tem impossibilitado o contato social —, associado a uma perda importante da realidade, que condiciona o desconhecimento de sua própria esposa e dos familiares. Toma atitudes indecorosas na presença de pessoas alheias, dorme durante o dia e tem dificuldades de pegar no sono à noite. Há três meses o paciente apresentou um quadro de broncopneumonia, tendo de ser internado; recebeu alta em três dias, após ser medicado com antibioticoterapia. Porém, o quadro confusional tem piorado completamente: permanece perdido, manipulando roupas ou objetos com as mãos; parece cantar alguma música indescritível; urina e evacua na cama; não reclama quando está sujo; não pede comida; quando dorme, deita em posição fetal, e quase nunca muda de posição; o dia e a noite são um só. Para M.B., o quadro de demência senil variante Alzheimer está definitivamente estabelecido e com muita rapidez, com uma evolução detectada de, aproximadamente, dois anos, sem resposta terapêutica a todas as tentativas com o intuito de deter a progressão crônica inexorável e irreversível da doença.

A história de M.B. é similar à de muitos outros milhões de pacientes portadores de demência senil. O destaque dado ao fato de o paciente citado ser médico reside na observação de que ninguém está imune perante esta doença, que, ao mesmo tempo, é invalidante e leva à morte.

É, essa doença, ainda desconhecida em seu conteúdo, em suas possibilidades terapêuticas, e, principalmente, em relação às causas que a condicionam ou que favorecem seu desenvolvimento.

À medida que o homem envelhece, aparecem com maior freqüência diferentes doenças englobadas no nome genérico de "degenerativas crônicas", que, como o nome indica, vão degenerando cronicamente os tecidos do organismo, e, por conseqüência, determinando diferentes graus de invalidez, até a morte do paciente. A Revolução Industrial permitiu ao homem gozar de muitos benefícios supérfluos, comodidades não existentes antes de seu advento. Porém, tais possibilidades são, ao mesmo tempo, consideradas causa e/ou conseqüência de muitas doenças degenerativas crônicas, estando, na maioria das vezes, a elas correlacionadas e condicionando situações e fatores predisponentes a desencadear desequilíbrios celulotissulares os quais vão condicionar as alterações metabólicas que determinam a lesão tecidual. Em 1980 existiam, nos EUA, 2 milhões de habitantes portadores de demência senil, com uma idade média de 80 anos. Esses números deverão atingir os 4 milhões para o ano 2000 e 8,5 milhões para o ano 2050. Analisando tais estatísticas podemos concluir que existe um aumento acentuado dos casos de Alzheimer e que a tendência é aumentarem com o passar do tempo, sendo que é necessário um lapso de tempo cada vez menor para que o número de casos dobre geometricamente.

No Brasil as estatísticas são incompletas e pouco estudados os dados epidemiológicos em relação a esta doença, acreditando-se que aproximadamente 6% da população acima de 65 anos seja portadora de demência senil. Interessante observar que, como a população brasileira está envelhecendo cada vez mais, apesar de lentamente, a possibilidade de se ter de conviver com demência senil é cada vez mais freqüente.

Um dos grandes problemas em relação à demência senil advém da própria dificuldade de se realizar o diagnóstico nas fases iniciais da doença. Os diagnósticos geralmente são estabelecidos quando a doença já tomou forma definitiva. Com o envelhecimento, diferentes padrões de normalidade mudam em relação à atividade dos sistemas do corpo humano, portanto é de vital importância conhecer o envelhecimento normal para não confundi-lo com o envelhecimento doentio ou patológico, já que diferentes órgãos vão perdendo parte de sua capacidade com o passar dos anos, mas em nenhum momento são compatíveis com um processo demencial.

Alguns testes de capacidade mental (ver apêndice) são realizados para identificar os pacientes portadores de demência senil, porém tais testes, como foi corroborado em estudos realizados em indivíduos normais, são realizados com melhores resultados em indivíduos que se desenvolvem em um meio social, cultural e econômico melhor ou maior. Ao mesmo tempo, foi determinado que alterações nos sentidos, assim como o uso de medicamentos, podem determinar resultados anormais em idosos nos quais os testes são administrados. A prevalência de demência senil em indivíduos não hospitalizados entre os 60 e 65 anos de idade é considerada entre 1 e 2%, enquanto que em indivíduos acima dos 65 anos de idade a incidência varia entre 8 a 9%. Esses números dobram a cada 5 anos, até atingir a marca de 32% da população com idade acima dos 85 anos. A demência senil, denominada de Alzheimer, tem uma incidência de 0,33% aos 70 anos, 1,3% aos 80 e 5,4% aos 90 anos de idade. A sobrevida dos pacientes, uma vez feito o diagnóstico de demência senil de Alzheimer, varia de 5 a 10 anos. Entre 10 a 15% dos pacientes são portadores de demência senil de causa reversível; 15 a 35% são portadores de demência senil por múltiplos infartos, e entre 50 a 75% dos pacientes acometidos de demência senil são portadores da variante Alzheimer. Sem dúvida a idade é um fator de vital importância no desencadeamento da demência senil, porém muitos outros fatores estão intimamente associados ao desenvolvimento desse processo patológico, os quais serão considerados nos próximos capítulos. A importância da demência senil no contexto epidemiológico radica-se no fato de ser ela determinante da qualidade de vida, em sua terceira fase, o que evidencia a importância de seu controle para evitar uma decadência progressiva. O importante na vida não é só envelhecer, mas, principalmente, envelhecer com qualidade, de modo a que possamos aportar nossa experiência e sabedoria para a juventude, que terá a obrigação de continuar com as tarefas preestabelecidas.

ENVELHECIMENTO CEREBRAL

O cérebro é um órgão vital dentro do funcionamento do organismo. Ele recebe as informações externas, assim como se encarrega de fazer funcionar os órgãos internos. Realiza, ainda, as diferentes atividades motoras inerentes ao indivíduo. Quando nascemos, temos mais de 100 bilhões de neurônios (células nervosas), que atingem sua maturidade entre os 20 e 30 anos. Porém nem todas atingem a tão ansiada maturidade — apenas 10 a 15%. Após os 30 anos, inicia-se o processo de envelhecimento, que tem uma fase silenciosa entre os 30 e 45 anos de idade, uma fase com doenças graves que atingem, principalmente, o aparelho cardiovascular, que varia entre os 45 e 60 anos, e, finalmente, o processo do envelhecimento decretado, que nos países desenvolvidos ocorre a partir dos 65 anos. Nos países subdesenvolvidos, entretanto, ocorre, esse mesmo processo, a partir dos 60 anos.

A partir dos 30 anos perdemos de 10.000 a 100.000 neurônios por dia. O número dependerá dos diferentes fatores de risco, associados às atividades rotineiras. Pelo número de células que perdemos diariamente, teríamos uma capacidade de viver de, pelo menos, 150 anos, fenômeno que não acontece pelo fato de vivermos a famosa "Revolução Industrial", que aumentou os fenômenos de poluição ambiental e sonora, o estresse, o sedentarismo — determinado pelo comodismo e conformismo —, fatos que degeneram muito mais rapidamente a nossa atividade cerebral e orgânica, determinando que a expectativa de vida no "melhor" país do mundo atinja, apenas, os 80 anos no homem e os 88 anos na mulher.

O cérebro ocupa a cavidade cranial, de onde controla as atividades do resto do organismo. Pelo seu diâmetro ântero-posterior, mede 17 cm no homem e 16 cm na mulher. Quanto ao seu peso, no homem tem uma média de 1.182 gramas, e na mulher tem um peso médio de 1.073 gramas. Em forma normal os indivíduos perdem 10% do peso da massa cerebral quando atingem os 80 anos de idade, associada, essa perda, com uma perda de fluxo sanguíneo cerebral de, aproximadamente, 15 a 30%, o que, por via de conseqüência, determina uma diminuição no transporte de oxigênio e nutrientes para os tecidos. Outra característica do envelhecimento cerebral normal é a perda da memória recente — em outras palavras, é a perda da capacidade de fixar informações recentes, o que acontece de forma progressiva durante o fenômeno do envelhecimento, atingindo seu ponto mais importante em torno dos 80 anos de idade.

Como vimos, o cérebro é uma estrutura que perde, de forma constante, os componentes de sua estrutura, além de ser um órgão que não tem capacidade de reproduzir-se. É, pois, imperativo utilizarmo-nos de todos os meios possíveis para poder deter a destruição neuronal, com o objetivo de manter o funcionamento do sistema neurológico o mais intacto possível. Muitas limitações existem no momento atual que impedem um melhor controle do envelhecimento cerebral e, por conseqüência, da demência senil, pelo que é necessário ampliar as possibilidades de estudo das causas e das medidas de tratamento para, enfim, controlar de forma mais adequada o processo evolutivo da doença. A participação da família é de extrema importância como terapia de apoio para os pacientes portadores de demência senil, não só pela necessidade imposta pelo efeito limitante da doença, mas pela necessidade de cobrir o doente de carinho e afeto, nesses momentos tão difíceis, tanto para o paciente como para a família.

CLASSIFICAÇÃO DAS DEMÊNCIAS

Para melhor compreender o quadro das demências, é necessário delimitar os tipos que a compõem. Temos, primeiramente, algo a que se denomina pseudodemência. Outro quadro existe que é mais fácil de ser controlado, inclusive com maiores possibilidades terapêuticas, e, o mais grave e predominante, definido por um quadro evolutivo, crônico e irreversível.

PSEUDODEMÊNCIAS

Podemos destacar as seguintes pseudodemências:
a) depressão;
b) medicamentos;
c) distúrbios bioquímicos;
d) patologia cardíaca e pulmonar.

a) Depressão:

inclui a depressão e as crises maníaco-depressivas. Os depressivos, por serem indivíduos passivos e lentos de resposta, podem aparentar serem confusos e esquecidos. Já os maníaco-depressivos, entretanto, apresentam mudanças no comportamento e no estado de ânimo. Para diferenciar a demência da depressão, devemos considerar que os indivíduos depressivos têm histórico pregresso de quadros depressivos, associados a sintomas de insônia, fadiga e perda de apetite. Pelo contrário, os pacientes demenciados, nas fases iniciais, associam-se a problemas de memória e dificuldades na aritmética. O início de doença como Alzheimer é lento e insidioso; entretanto, a depressão pode desenvolver-se muito mais rapidamente. É usual em indivíduos idosos aparentar passividade, lentidão ou confusão quando perderam recentemente um ser querido como a esposa ou um amigo íntimo, o que é denominado de depressão reativa, e não é estranho encontrar, ocasionalmente, a pessoa falando do falecido como se ele ainda estivesse vivo.

b) Medicamentos:

diferentes drogas podem induzir a sintomas ou sinais semelhantes àqueles dos pacientes com demência senil. Entre elas, podemos destacar drogas para o controle da pressão, tranqüilizantes, antidepressivos, diuréticos e drogas para o tratamento da doença de Parkinson. O problema maior não é o próprio uso de drogas isoladas, mas quando combinadas, no idoso, com suas normais alterações de capacidades metabólicas de absorção e excreção, o que vai determinar o período de tempo que estas drogas vão se manter em atividade. Podemos daí concluir que doses de medicamentos apropriados para pacientes de 25 anos podem ser extremamente fortes para indivíduos com mais de 60 anos de idade. É, normalmente, recomendável avaliar ou substituir os remédios em pacientes que aparentem desenvolver um quadro demencial, eliminando, assim, a possibilidade de uma demência induzida por droga.

c) Distúrbios bioquímicos:

alterações na absorção da vitamina B12, o que determina a presença de anemia perniciosa, quadros de hipoglicemia (queda dos níveis de açúcar circulante, já que o cérebro depende exclusivamente desses níveis para formar energia), alterações nas concentrações de cálcio ou sódio. Esses quadros podem determinar, juntos ou isolados, sintomas que justifiquem mudanças no comportamento mental.

d) Patologia cardíaca e pulmonar:

as alterações crônicas do pulmão podem definir uma diminuição do transporte de oxigênio e nutrientes para o tecido cerebral e simular sintomas compatíveis com demência. Se a função da bomba do coração não for eficiente, ou tiver arritmias associadas, alteração no funcionamento das válvulas ou outras enfermidades cardíacas, isso pode afetar, também, o cérebro.

Todas essas pseudodemências são tratáveis, ou corrigindo a alteração bioquímica ou anatômica, ou eliminando os agentes que eventualmente estariam precipitando a aparição dos sintomas compatíveis com o processo demencial.

DEMÊNCIAS REVERSÍVEIS

a) lúpus eritematoso disseminado, ou outras patologias do colágeno;
b) "doença de Creutzfeldt-Jacob" ou paralisia geral;

c) hidrocefalia a pressão normal;
d) tumores intracranianos ou hematomas;
e) epilepsia;
f) demência alcoólica (síndrome de Wernicke-Korsakoff);
g) síndrome central, determinada por drogas anticolinérgicas;
h) hipertireoidismo;
i) mixedema;
j) doenças que comprometem as paratireóides;
l) diabetes;
m) hipoglicemia;
n) níveis altos de uremia em pacientes com patologia renal;
o) pacientes em diálise por patologia renal (por acúmulo de alumínio);
p) insuficiência hepática;
q) deficiência de vitamina B12;
r) hiperlipidemia.

Hidrocefalia a pressão normal

Causa uma demência progressiva com um início insidioso, determinado por uma tríade definida: alterações na marcha, incontinência e demência, mostrando uma tomografia com aumento dos ventrículos associado à atrofia cerebral; este tipo de doença é muito mais freqüente nos homens do que nas mulheres e pode estar vinculado a ataques prévios de meningite ou trauma cefálico.

Todos os casos aqui citados são passíveis de tratamento, sempre e quando o processo patológico não tiver comprometido em caráter irreversível o tecido neurológico central.

DEMÊNCIAS IRREVERSÍVEIS

a) demência senil tipo Alzheimer;
b) demência senil por múltiplos infartos (síndrome de Biswanger; demência por arterioesclerose);
c) demência senil tipo Pick (atrofia da região frontal cerebral).

Vamos considerar cada um destes itens individualmente. Porém, pela importância e pela incidência da doença de Alzheimer, vamos tratá-la separadamente, a fim de que possamos compreendê-la melhor, assim como determinar as medidas terapêuticas mais apropriadas para delimitar o processo evolutivo da doença.

Demência senil por múltiplos infartos

É esse o termo empregado para indicar uma deterioração mental secundária, a doença dos vasos sanguíneos cerebrais. Substitui o termo leigo e clássico utilizado: "endurecimento das artérias do cérebro". A demência senil por múltiplos infartos representa de 12 a 20% dos casos de demência nos pacientes idosos; outros 16 a 20% são PACIENTES PORTADORES DE DEMÊNCIA POR MÚLTIPLOS INFARTOS ASSOCIADA À DOENÇA DE ALZHEIMER. As diferenças entre a demência por múltiplos infartos e Alzheimer são na maioria das vezes evidentes. Assim, os pacientes do primeiro grupo têm antecedentes de doenças vasculares periféricas, cardíacas ou cerebrais, associadas, principalmente, à hipertensão, ou histórico pregresso de derrame (acidente vásculo-cerebral). Evidentemente, os infartos que acometem o córtex cerebral podem ser conseqüentes a um histórico anterior de meses a anos, de onde podemos concluir que a demência por múltiplos infartos vai progredindo de forma constante e paulatina. Por outro lado, a doença de

Alzheimer é acompanhada de um rápido declínio.

A maior parte dos infartos está localizada em áreas definidas do cérebro, e os sintomas serão conseqüência das áreas comprometidas com o processo de sofrimento (isquemia tecidual) do cérebro, que poderá ser unilateral ou autolimitante, o que dependerá da gravidade do processo vascular envolvido. Os sintomas nos pacientes portadores de demência por múltiplos infartos trazem sintomas focais ou locais secundários à área cerebral atingida, fato que os diferencia dos pacientes com Alzheimer, que apresentam um quadro generalizado e difuso. A doença de deterioração mental relacionada com múltiplos infartos cerebrais é denominada, também, de demência de Biswanger.

Demência senil tipo Pick

É uma das formas de demência menos freqüentes e envolve, principalmente, alterações anatômicas das regiões frontal e temporal do cérebro. Os pacientes portadores da doença de Pick apresentam-se com alterações de memória e apatia, destacando-se o fato de descuidarem da higiene e da aparência pessoal, bem como diminuição da atenção. Clinicamente falando, é muito fácil confundir a demência de Pick com a de Alzheimer. Apesar dos dados clínicos e achados em tomografia ou ressonância magnética, o diagnóstico diferencial definitivo entre Alzheimer e Pick só é dado pelos estudos de necropsia. Como temos observado, clinicamente é quase impossível determinar o tipo de demência senil que está atingindo o paciente em questão, e, até onde a ciência atinge hoje em dia, parece que os estudos anatomopatológicos pós-necropsia ainda têm a palavra final em relação a este quadro. A demência de Pick aparece principalmente após os 45 anos de idade, sem preservar sexo. Tem um período evolutivo de 5 a 10 anos, até o fim do paciente.

Tentaremos explicar agora alguns outros casos de demências que podem se apresentar com alguma freqüência, e que se assemelham à demência de Pick.

Síndromes do lóbulo frontal

Secundárias à patologia tumoral, radiação, cirurgia de manipulação, trauma cerebral violento ou repetido que muitas vezes podem-se confundir com o quadro demencial de Pick.

Leucoencefalopatia multifocal progressiva

Encontra-se em pacientes com doenças debilitantes concomitantes como: tuberculose, sarcoidose, linfoma etc. ou doenças que possam comprometer o normal funcionamento do sistema imunológico. A demência nestes pacientes vem acompanhada de um florido variado de sintomas que comprometem o sistema nervoso central, incluindo hemiparesia (adormecimento unilateral), ataxia (dificuldade na marcha), cegueira e alterações no comportamento. Muitos outros processos patológicos podem estar envolvidos no desenvolvimento de demência, porém sua importância estatística é ínfima, pelo que achamos conveniente não lhes dar maior destaque. Entraremos, agora, no estudo mais detalhado sobre a doença de Alzheimer, não só por sua incidência, mas pelo caráter social e pela interferência que esta doença traz no núcleo familiar entre o relacionamento do doente com os sadios e com a sociedade.

DEMÊNCIA SENIL DE ALZHEIMER

É uma doença neuropsiquiátrica associada ao envelhecimento — acomete algumas vezes à meia-idade —, porém age principalmente em idosos, comprometendo a matéria cerebral. É caracterizada por uma perda inexorável da memória e das atividade cognitivas, assim como distúrbio de comportamento.

INCIDÊNCIA

Os diferentes estudos epidemiológicos têm determinado que mais de 50% dos casos de demência senil correspondem ao grupo de Alzheimer, 60% dos indivíduos internados em casas de repouso são portadores desse quadro patológico, e 20% dos pacientes portadores de Parkinson desenvolvem a demência senil. Observa-se a demência senil de Alzheimer com maior freqüência em mulheres (provavelmente porque vivem mais que os homens, mas, aparentemente, o sexo feminino está exposto a um risco maior) e a incidência da doença vai aumentando com a idade, apesar de se considerar que, após os 85 anos, a possibilidade de desenvolver demência é reduzida.

CAUSAS

Muitas causas têm sido envolvidas na etiologia da demência senil de Alzheimer, nenhuma delas, porém, definitivamente comprovada. No entanto, diferentes dados bioquímicos, epidemiológicos e clínicos integram os conceitos de causas e o desenvolvimento da doença. Existem certezas e dúvidas em razão dos fatos que vamos expor, mas as tentativas terapêuticas baseadas nestes conceitos não têm atingido o sucesso esperado. Isso cria dúvidas em torno das causas correlacionadas com esta doença, seja por falta de consistência das causas, seja porque o procedimento terapêutico ainda não é o adequado. Entre as possíveis causas relacionadas com a doença de Alzheimer incluímos as seguintes:

a) teoria de intoxicação por metais pesados;

b) teoria viral;
c) teoria por alterações no DNA;
d) teoria dos Radicais Livres (RL);
e) teoria do entrecruzamento de macromoléculas e depósitos de amilóide.

De forma resumida, tentaremos explicar a participação das diferentes teorias na explicação dos determinantes da demência senil tipo Alzheimer. Antes de explicar, porém, os processos que se relacionam com a demência, devemos entender que a maior parte das vezes ela é conseqüência da atrofia das células cerebrais, determinada por alterações nos níveis de acetilcolina como neurotransmissor entre os neurônios e associada à presença de placas e destruição neuronal.

a) Teoria de intoxicação por metais pesados:

foi um dos conceitos iniciais mais aceitos em relação à gênese da demência senil, já que o próprio Alois Alzheimer detectou níveis elevados de alumínio depositado nos neurônios e definiu que a demência de Alzheimer teria uma correlação direta com a concentração de alumínio cerebral. O alumínio é o terceiro metal mais abundante na superfície terrestre e é utilizado na confecção de antiácidos, sendo também abundante em panelas e empregado nos aerossóis como desodorantes, inseticidas, ambientadores etc. Os antiácidos liberariam alumínio ao nível do trato gastrintestinal, que seria absorvido e posteriormente depositado ao nível dos neurônios. Este fato ainda não está definitivamente elucidado, porém fica como uma possibilidade. O alumínio liberado durante o cozimento das panelas, eventualmente, seria absorvido via gastrintestinal e depositado no córtex cerebral. Esse fenômeno é possível, porém não definitivamente provável. A via de acesso mais fácil para o alumínio chegar ao cérebro é pelas vias olfatórias com o uso de aerossóis que contêm alumínio, utilizando o sistema nervoso periférico olfatório até o sistema nervoso central. Em vários trabalhos realizados tem-se demonstrado que existe um depósito de alumínio no cérebro de pacientes demenciados, o que induz a crer que o alumínio seja ou causa, ou conseqüência, ou participe ativamente no desenvolvimento da demência senil de Alzheimer.

Apesar de todos esses fatos, alguns autores têm dúvidas, ainda, quanto à participação do alumínio na etiopatogenia de Alzheimer. Outros, porém, acreditam que, além de alterar os níveis de acetilcolina, o alumínio seria um catalisador na produção de radicais livres (veremos posteriormente), os quais acelerariam a degeneração e conseqüente atrofia cerebral. A partir da presença do alumínio nos neurônios tem-se utilizado diferentes oligoelementos (zinco, manganês, magnésio, etc.) que se intercambiariam com o alumínio, assim como agentes quelantes que eliminariam o alumínio do corpo. Todo esse esforço ainda não determinou modificações substanciais no prognóstico dos pacientes portadores de Alzheimer.

b) Teoria viral:

vários tipos de vírus são relacionados como causadores ou precipitadores da demência senil, principalmente os denominados vírus lentos (aqueles que têm um período de incubação prolongado ou que permanecem sem atividade patológica por longo período de tempo, aos quais certas situações, principalmente de imunodepressão, favorecem a atividade patológica). Aparentemente, esses vírus poderiam, entre outras possibilidades:

1) diminuir a concentração dos neurotransmissores que são indispensáveis na condução do estímulo; 2) condicionar a morte celular, pelo seu efeito direto sobre os tecidos celulares; 3) penetrar no tecido cerebral, invadindo seu conteúdo genético e alterando o funcionamento do seu DNA (ácido desoxirribonucléico), facilitando, assim, os elementos necessários para condicionar a atrofia das células cerebrais. Tudo isso é apenas hipótese teórica, mas, em algumas circunstâncias, é fortemente defendido, como o fato de que o vírus pode favorecer os depósitos de material amilóide sobre as estruturas cerebrais, o que determinaria a morte ou atrofia do cérebro que, por sua vez, seria o fator anatomopatológico da demência senil.

c) Teoria por alterações no DNA:

está relacionada com alterações nos ácidos nucléicos (acido ribonucléico e desoxirribonucléico), que são encarregados do código genético. Assim, as mutações que possam acontecer devido a fenômenos químicos e/ou físicos podem determinar a destruição do tecido cerebral. Tem-se encontrado similitude no envelhecimento do cérebro entre os pacientes portadores da síndrome de Down (mongolismo) e os pacientes portadores da demência senil de Alzheimer a nível do cromossomo 21, mas outros pesquisadores também encontram, com freqüência, alterações a nível do cromossomo 5, em pacientes com demência senil. A correlação entre Down e Alzheimer já é antiga, porque as alterações de depósitos de tecido amilóide no cérebro nesses dois grupos de pacientes é muito similar, de onde se procurou definir a relação causal do processo genético em ambos os grupos de pacientes.

d) Teoria dos radicais livres:

denomina-se de radical livre (RL) toda molécula que tem um elétron ímpar na órbita externa e a característica de multiplicar-se rapidamente, além de possuir uma vida curta de mil segundos. Sua multiplicação normalmente é inibida pelo sistema antioxidante desenvolvido pelo próprio organismo ou pelo encontro entre 2 RL que, por fenômenos de oxirredução, terminam pareando sua órbita externa. Os RL já foram relacionados como causa ou conseqüência de quase todas as doenças degenerativas crônicas, pela sua capacidade de alterar a integridade das paredes celulares, deformando a semipermeabilidade das membranas e condicionando alterações estruturais nos componentes celulares até a morte das mesmas. Os RL têm como fonte principal o oxigênio que respiramos, que, em contato com as estruturas lipídicas da membrana celular, vai determinar a produção dos peróxidos lipídicos que podem vir a deformar a célula, processo pelo qual poder-se-ia desenvolver a atrofia cerebral. Os RL, via a peroxidação lipídica, formam duas substâncias importantes no envelhecimento cerebral: lipofucsina e material ceróide, que se correlacionariam com o tecido amilóide depositado nas células cerebrais, o que desencadearia a ausência de neurotransmissores e a conseqüente atrofia das células cerebrais. A dificuldade de realizar um diagnóstico precoce da demência senil impede o uso prematuro dos antioxidantes para inibir a evolução da doença, de onde a participação dos RL é considerada a nível de conseqüência do processo evolutivo da doença, fato que explicaria a falta de sucesso terapêutico com o uso de antioxidante, uma vez a doença instalada. Sem dúvida que o conceito dos RL é de extremada importância no controle evolutivo da doença de Alzheimer, assim como nas outras modalidades de demência senil, seja como causa, seja como conseqüência do processo patológico, porém acreditamos que somente quando for possível um diagnóstico precoce poderemos atingir um sucesso terapêutico com o uso concomitante dos antioxidantes. Outro fato de destaque com relação aos RL, os antioxidantes, o envelhecimento cerebral e a demência senil, determina-se pelos baixos níveis dos antioxidantes endógenos, naturais, que possui o organismo no processo do envelhecimento, assim como o fato de os mesmos gastarem-se muito mais rapidamente na presença de processos crônicos e degenerativos, situação que permitirá uma maior produção de RL e, por conseqüência, um maior fenômeno oxidativo sobre os tecidos.

e) *Teoria do entrecruzamento de macromoléculas:*

essa teoria foi identificada por B. Jorkstein e colaboradores no seu centro de pesquisas nos Estados Unidos, e está relacionada à perda de elasticidade dos tecidos por presença de reações cruzadas das macromoléculas e constituintes dos tecidos, o que determina uma diminuição do fluxo de sangue e transporte de oxigênio e nutrientes aos tecidos. Este fenômeno acontece em outros tecidos como a perda dos coxins intra-articulares, o que vai determinar dor e rigidez entre as juntas. Todos esses fatores associam-se ao fenômeno de produção de RL, que vão determinar a oxidação tecidual, depósito de material oxidativo e amilóide associado ou não a depósito de metais pesados, o que inibe a síntese de neurotransmissores, determinando a atrofia cerebral e o conseqüente desenvolvimento dos quadros demenciais. B. Jorkstein publicou centenas de trabalhos relacionando a teoria das reações cruzadas com depósitos de metais pesados, que poderiam funcionar como catalisadores de enzimas endógenas produtoras de RL, ou, até, a síntese destas últimas sem a participação direta desses metais, fato que se tem correspondido com o tempo. Porém, essa teoria atravessa a mesma dificuldade encontrada pelas outras, que é a falta de uma adequada resposta terapêutica às diferentes possibilidades teóricas que justificam este raciocínio. Nesse caso, o provável insucesso terapêutico estaria definido principalmente pela falta de um diagnóstico precoce da doença que permitiria, ainda, agir sobre o tecido cerebral, que, como sabemos, não possui a capacidade de reproduzir-se. Portanto, se não se age com tempo sobre o tecido cerebral, e ele chega a atrofiar-se, a situação fica irreversível e evidentemente sem possibilidades de sucesso terapêutico.

POSSIBILIDADES DIAGNÓSTICAS

A clínica é soberana para definir o diagnóstico de demência senil. Porém, em forma definitiva, é necessário utilizar os estudos anatomopatológicos a fim de definir o quadro e o prognóstico. Entre os métodos que nos podem aproximar do diagnóstico incluem-se:
a) tomografia computadorizada cerebral;
b) ressonância nuclear magnética;
c) EEG com mapeamento cerebral;
d) exames laboratoriais para identificar processos patológicos reversíveis que possam precipitar quadros de demência senil e que possam ser tratados uma vez identificados.

Todas essas possibilidades nos permitem estabelecer certos diagnósticos como o de demência senil por múltiplos infartos, quando se consegue identificá-los, ou de demência de Alzheimer, quando os estudos mostram processos atróficos generalizados. A demência de Pick pode ser melhor identificada pelos estudos de EEG com mapeamento cerebral, que identifica a presença de ondas lentas distribuídas preferencialmente na região frontal do cérebro. Em resumo, as possibilidades diagnósticas são o que são: meras possibilidades, o que significa que ainda não conseguimos determinar os diferentes processos demenciais nas primeiras fases da evolução da doença, o que nos permitiria, de alguma maneira, agir para inibir o processo evolutivo, se for possível.

CARACTERÍSTICAS CLÍNICAS

O aspecto clínico das demências são muito parecidos entre si, não importando muito a etiologia da doença de base; em outras palavras, por exemplo, a doença de Alzheimer e a demência por múltiplos infartos têm um processo evolutivo praticamente similar, como poderemos ver avaliando os sintomas dos pacientes nas distintas fases de sua evolução.

FASE INICIAL: No início o diagnóstico é muito difícil porque os sintomas iniciais confundem-se com outras doenças, como o Parkinson, a involução cerebral normal, os quadros degenerativos crônicos, a psicose maníaco-depressiva etc. As manifestações são extremamente similares em todos esses grupos, incluindo os pacientes com hipotireoidismo e aqueles que apresentam deficiência da vitamina B12 plasmática.

São elas:

1) perda de memória, manifestada por dificuldade de fixar informações novas. Por exemplo: passa uma pessoa por perto que é identificada por João. O paciente, depois de alguns minutos, perguntará o nome da pessoa que passou, sem lembrar, evidentemente, o nome;

2) esquecem, com freqüência, que deixaram coisas importantes — como chaveiros — em lugares mais ou menos corriqueiros, que são, posteriormente, achados;

3) tornam-se repetitivos — por exemplo, perguntam a hora várias vezes, em curto período de tempo;

4) colocam a roupa no armário, e perguntam quem mexeu na roupa que ficara na cadeira, quando, evidentemente, eles mesmos a colocaram no armário;

5) evitam tomar banho, afirmando que já o fizeram nesse dia, o que não ocorreu; porém, afirmam categoricamente, tanto que quem não conhece o paciente pensa que estão tentando ridicularizá-lo, porque ele mantém com firmeza a afirmação de ter tomado banho.

SEGUNDA FASE: Neste momento aparecem as características clínicas que praticamente definem o quadro demencial:

1) confundem, com facilidade, as pessoas, inclusive as íntimas, como a(o) esposa(o), os filhos, os vizinhos; denomina, com freqüência, de mãe à esposa ou de pai ao esposo;

2) apresentam, às vezes, alucinações auditivas ou visuais, como achar que há alguma pessoa no quarto, ou que está ouvindo pessoas falarem quando, na realidade, não há ninguém presente no momento;

3) apresentam incontinência urinária e fecal, não reclamando quando estão umedecidos por terem urinado na cama ou quando estão cercado de fezes;

4) acredita-se que apresentam momentos de lucidez, manifestada através do choro, provavelmente por perceberem o quadro de involução que estão vivendo, a impotência diante da necessária dependência em suas atividades;

5) quando saem para a rua desconhecem lugares que lhes eram familiares, e, caso saiam sozinhos, existe uma grande possibilidade de que não consigam retornar para sua casa: é provável que não lembrem seu endereço, o que impede que outras pessoas possam ajudar a chegar ao ponto desejado, causando uma profunda desorientação no tempo e no espaço;

6) situações intermitentes de sonolência e/ou insônia, resultantes de múltiplos fatores, predominando, principalmente, a insônia noturna, determinada pelo fato de que o paciente permanece dormindo ou cochilando durante o dia, tempo mais

que suficiente para obter repouso. O que acontece é uma inversão do ritmo circadiano, dormindo durante o dia e permanecendo acordado à noite;

7) incapacidade de realizar as mínimas atividades rotineiras, tais como vestir roupa, cozinhar, alimentar-se, atender o telefone, manter uma conversação, sair à rua, amarrar os sapatos, assinar um cheque ou um documento, interpretar o que está supostamente lendo, assistindo ao televisor ou ouvindo pelo rádio.

TERCEIRA FASE: É o quadro de demência definitivamente instalado. O período evolutivo entre a primeira e a terceira fase leva, em média, 7 a 10 anos para acontecer, até resultar na total incapacidade física, mental e social do paciente acometido pela doença. Esta última fase é caracterizada por:

1) permanência imóvel, principalmente na cama ou na poltrona por tempos indefinidos, com descontrole total de esfíncteres e indiferença aos fatos que acontecem ao redor. Se a comida não é levada à boca,

permanecem sem comer por períodos indefinidos de tempo;

2) o paciente permanece em posição fetal, simbolizando uma regressão para o útero materno;

3) várias doenças e quadros clínicos associam-se a esta fase, que representa a involução cerebral do paciente. Tais doenças acabam por complicar o quadro evolutivo da demência.
São elas:
a) pneumonias;
b) infecção urinária;
c) escaras de decúbito;
d) anorexia (falta de apetite);
e) emagrecimento.

Sendo um paciente em fase avançada do quadro demencial, evidentemente o fim está cada vez mais próximo e entre as possíveis causas de morte incluem-se as seguintes:
a) infarto do miocárdio;
b) embolia cerebral;
c) embolia pulmonar;
d) derrame cerebral;
e) pneumonias;
f) septicemias;

g) desnutrição;
h) desidratação.

O processo evolutivo — que demora entre 7 a 10 anos — é observado desde o diagnóstico estabelecido da doença até a morte do paciente acometido da mesma.

POSSIBILIDADES TERAPÊUTICAS

É importante considerar os aspectos de cronicidade e irreversibilidade da doença demencial que limitariam o sucesso das possibilidades terapêuticas hoje conhecidas. Evidentemente, a procura de medicamentos que possam evitar, curar ou delimitar o curso evolutivo da demência estão em pleno vigor, apesar de os resultados serem basicamente deprimentes no que se refere a sucessos eventualmente obtidos até o presente. Porém, a ciência não desiste e avança, continuamente, no interesse de conseguir colocar um obstáculo no processo evolutivo, assim como permitir, se possível, uma reintegração social do indivíduo acometido pela doença.

Várias são as aproximações e possibilidades terapêuticas hoje conhecidas; o importante é não desanimar perante um futuro por enquanto pouco alentador em termos de respostas, mas fascinante em termos de possibilidades de êxito, dependendo, apenas, da inteligência humana para atingir um objetivo.

Como possibilidades de tratamento atualmente conhecidas, podemos citar:
1) Estimulantes da Acetilcolina;
2) Agentes Quelantes;
3) Uso de antioxidades;
4) Outras drogas.

1) *Estimulantes da acetilcolina*

Como discutimos anteriormente, a acetilcolina é um neurotransmissor importantíssimo para conduzir o impulso entre as células neuronais (células que compõem a estrutura cerebral), cumprindo com seu objetivo que consiste em levar o estímulo até o cérebro e a resposta do mesmo à periferia. O primeiro nutriente utilizado como terapêutica neste sentido foi a lecitina de soja, rica em colina que, por processos de acetilação, transforma-se em acetilcolina dentro do organismo para funcionar como neurotransmissor cerebral. A maior parte dos trabalhos utilizava doses que variavam de 1 a 10 gramas, administradas por via oral. Outros trabalhos associavam o uso de inibidores de colinesterase-enzima produzida no organismo para destruir a acetilcolina — entre os quais se utilizava a fisostigmina, ou piridostigmina, associada à lecitina de soja, para facilitar a permanência da acetilcolina produzida por períodos prolongados de tempo, a fim de assegurar a transmissão do estímulo. Alguns autores utilizavam a procaína, ou seu metabólito ativo, que é o dietilaminoetanol (deanol, nos Estados Unidos) por serem precursores da colina, que, novamente, acetilar-se-ia, resultando na acetilcolina dentro do organismo. Alguns estudos têm associado o uso da procaína com fisostigmina ou piridostigmina para controlar a produção de acetilcolina. Todas as opções citadas foram utilizadas nas diferentes fases evolutivas da doença, sem ter permitido evitar a evolução da demência, nem ter melhorado, de forma estatisticamente significativa, o quadro clínico do paciente. Inicialmente, acreditava-se que era possível diminuir a velocidade evolutiva da doença através do uso desses medicamentos e nutrientes, porém estudos a longo prazo têm demonstrado que o processo evolutivo nos pacientes com demência é praticamente o mesmo, fazendo, ou não, uso dessa terapêutica. Importante ressaltar que o uso da procaína nas fases iniciais da doença permite restabelecer o quadro de comunicação social do paciente, melhorando o processo depressivo e a agitação, que costumam acompanhar os pacientes na primeira fase de evolução da demência, porém é importante insistir que o uso da procaína isolada, ou associada à lecitina de soja e inibidores da colinesterase, não conseguem impedir o curso crônico e irreversível da demência.

2) Agentes quelantes

No quadro de teorias que explicariam a origem da demência senil, foi incluída a possibilidade de depósito de metais pesados a nível cerebral, que destruiriam tanto os neurotransmissores quanto as próprias células cerebrais, acelerando o processo degenerativo. Baseados neste princípio alguns cientistas começaram a utilizar agentes quelantes, cuja função seria varrer a presença do alumínio a nível cerebral, permitindo o funcionamento dos neurônios. Entre os agentes quelantes o mais utilizado é denominado de EDTA, ácido etilenodiaminotetracético, que tem uma grande afinidade com o alumínio. Através de estudos de coleta de urina de 24 horas após o uso dos quelantes, tem-se demonstrado uma excreção maior de alumínio através da urina, que representaria o alumínio depositado nos tecidos corporais. Esperava-se que, com o uso dos agentes quelantes, conseguir-se-ia inibir o processo evolutivo da demência, concedendo-se as condições ideais para que os neurônios pudessem auto-regenerar-se, por estarem liberando um elemento destrutivo às células, assim como aos neurotransmissores.

Várias tentativas foram realizadas com o uso de agentes quelantes em forma isolada para delimitar o quadro demencial, porém os resultados foram absolutamente negativos em termos de controle, prevenção ou involução da doença. Partiu-se para um tratamento conjugado, utilizando, em forma associada, estimuladores de acetilcolina e/ou inibidores da colinesterase. Para azar dos pacientes os resultados também foram negativos, ao ponto de, hoje em dia, ter sido deixada de lado a possibilidade de usar agentes quelantes no tratamento da demência senil. O conceito de aplicação dos quelantes tem sua validade científica, porém não se obtêm resultados na prática, o que indica que, apesar de se estar trilhando o caminho possivelmente correto, o princípio deve estar errado, e que diferentes outros fatores estariam associados à demência senil e não somente a falta de acetilcolina e a presença de alumínio.

É sempre importante recordar que o cérebro é a única estrutura dentro do organismo que não possui capacidade de multiplicar-se, o que, evidentemente, significa que, uma vez comprometido ou lesado o neurônio, o final é irreversível, de onde se pode concluir que o tratamento deve ser feito oportunamente, antes que a lesão torne-se irreversível.

3) Uso de antioxidantes

Representa um capítulo muito importante no tratamento da demência senil, considerando que, à medida que envelhecemos, envelhece, simultaneamente nosso sistema antioxidante, o que impede o nosso organismo de defender-se perante os efeitos lesivos dos radicais livres, os quais, quando formados em grande quantidade e sem a presença de uma adequada defesa, podem acelerar a destruição neuronal. Evidentemente, este conceito, hoje universalmente aceito, tem uma importante colocação no processo do envelhecimento, assim como nos processos degenerativos crônicos, no que toca à procura de se obter uma forma de evitar a oxidação dos tecidos. Os próprios agentes quelantes já citados teriam um efeito antioxidante por impedirem os metais pesados de agirem como intermediários na formação dos radicais livres, porém, como vimos anteriormente, não conseguem mudar o curso evolutivo da doença. É provável que os radicais livres participem na demência senil como causa ou conseqüência do desenvolvimento patológico, e, provavelmente, a participação dos antioxidantes em geral, incluindo os agentes quelantes, se dá de forma tardia, já que o efeito oxidativo dessas moléculas é altamente lesivo aos tecidos, considerando-se, sempre, o caráter de não multiplicação dos neurônios.

Vários antioxidantes têm sido empregados na varredura dos radicais livres, porém sem alcançar sucesso terapêutico. Contudo, por ser um dos campos terapêuticos mais recentemente identificados, precisa de maiores estudos e correlações para poder identificar o alcance que pode oferecer no tratamento da demência. Existem diversos agentes antioxidantes conhecidos, entre os quais podemos citar:

VITAMINAS:
- vitamina E;
- betacaroteno;
- vitamina C;
- cloridrato de piridoxina;
- vitaminas do complexo B.

OLIGOELEMENTOS:
- zinco;
- manganês;
- selênio;
- germânio.

NUTRIENTES:
- arginina;
- coenzima Q10;
- alho.

MEDICAMENTOS:
- manitol;
- EDTA;
- desferroxamina;
- superóxido dismutase;
- DMSO (dimetilsulfóxido);
- catalasa;
- penicilamina.

Evidentemente, é necessário abrir as possibilidades de estudo terapêuticas dos antioxidantes, utilizados de forma isolada, entre antioxidantes, associados entre si ou com outros agentes terapêuticos indicados para o tratamento da demência senil. É necessário, ainda, observar as possibilidades terapêuticas dos antioxidantes como potenciais agentes terapêuticos na demência senil, além de considerar a necessidade de fazer um diagnóstico precoce (hoje, ainda, não definitivamente possível), o que permitiria agir sobre os neurônios ainda em condições de serem restaurados. É uma área promissora, com excelente potencial.

4) Outras drogas

Tem-se tentado desenvolver um sem-fim de drogas que possam controlar ou tratar os quadros de demência senil, sem se obter sucesso terapêutico algum. Em alguns casos, inclusive, tentou-se intitular os produtos com propriedades antioxidantes para obter uma melhor aceitação pela classe médica, assim como pelos pacientes. É claro que existiu muitas limitações e as possibilidades na prática são mínimas. Na atualidade, porém é importante lembrar uma série de produtos que têm sido empregados para o tratamento da demência senil: diidroergocristina, comercialmente denominado ou conhecido melhor como HIDERGINA. Tem-se imputado, recentemente, a essa droga, propriedades antioxidantes, e já foi um dos produtos mais receitados na prevenção do envelhecimento, sem ter mostrado, no entanto, efeitos terapêuticos que possam beneficiar no que toca ao envelhecimento em si; porém, ainda é muito receitado. Seu uso em demência senil, na atualidade, é praticamente nulo, por ser este mesmo o efeito terapêutico, já que todos os tratamentos realizados com diidroergocristina, em pacientes com demência, têm resultado em fracasso.

CINARIZINA, cujo nome comercial mais conhecido é o STUGERON (apesar de existirem outros nomes comerciais). Teria um efeito vasodilatador, melhorando o fluxo sanguíneo para o sistema nervoso central e inibindo os canais rápidos de cálcio, o que permite um relaxamento arterial. Tem também sido empregado como tratamento da senilidade, mas, tanto no envelhecimento como no tratamento de demência senil, os resultados foram pouco alentadores; seu uso na atualidade tem sido restrito, praticamente, aos casos de insuficiência cerebral mínima, e para labirintite.

GINKGO BILOBA, recentemente introduzido no mercado farmacêutico como tratamento de problemas circulatórios periféricos e do sistema nervoso central, que contaria com poderoso efeito antioxidante, e cuja combinação de ações poderia definir sua indicação para os pacientes com demência. Porém, seu potencial terapêutico nessa doença em particular parece mínimo ou nenhum, embora faltem estudos mais profundos para poder precisar o alcance definitivo de seu potencial terapêutico nos pacientes portadores de demência senil.

PIRACETAM, foi uma droga muito famosa há vários anos atrás, indicada para todo tipo de transtorno cerebral, como memória, fadiga, transtornos de conduta etc. Porém, estudos posteriores têm demonstrado que seu efeito terapêutico não supera os do placebo, de modo que seu uso tem sido restringido a profissionais de saúde que ainda mantêm simpatia pela droga, em sua experiência pessoal. Em relação à eficácia do

Piracetam em pacientes com demência senil, assim como com relação às drogas anteriormente citadas, os resultados obtidos foram decepcionantes.

VASODILATADORES e METABOLIZADORES CEREBRAIS. Vários foram cogitados e experimentados em pacientes com demência senil, entre os quais podemos incluir os seguintes: pentoxifilina, nicergolina, flunarizina, vincamina, vinpocetina, ácido-nicotínico, já foram usados individualmente ou associados como tentativa de controlar os sintomas e a evolução da demência senil. Lamentavelmente, os resultados foram decepcionantes.

TACRINE. Não poderíamos deixar de citar esta droga, que, nos últimos meses, virou a coqueluche no tratamento das demências, pela sua capacidade de poder incrementar o nível de acetilcolina. Alguns trabalhos recentemente publicados citam seu provável potencial terapêutico principalmente quando administrada no início da doença. Porém, pelas dificuldades em diferenciar os quadros demenciais dos quadros depressivos no início do curso evolutivo da doença, a indicação do Tacrine em forma generalizada para pacientes com suspeita de demência tem de ser encarada com cuidado, até se conhecer melhor os possíveis efeitos colaterais associados à droga. Poderíamos afirmar, até, que esta droga é um meio profilático em potencial, mas é necessário que seja melhor estudada e conhecida para que se possa definir os limites de sua capacidade terapêutica. A hepatotoxicidade da droga limita seu uso.

SELERGILINA. Conhecida no Brasil há muitos anos, já que chegava com o nome de "Jumex" dos países vizinhos via contrabando, e era muito utilizada em pacientes com Parkinson, devido à sua capacidade de potencializar a liberação de um neurotransmissor como a dopamina, o qual, também, podia e pode ser administrado via medicamento. A curiosidade de alguns cientistas levou-os a, procurar nesta droga, dentro de seus efeitos normais antidepressivos e antienvelhecimento, um possível efeito antidemencial. Pode-se, hoje, afirmar que precisa ser melhor estudada, embora não pareça ter um futuro promissor na área de demência senil.

Em resumo, poderíamos afirmar sem remorsos, porém com profunda tristeza, que na atualidade, estamos em um beco sem saída no que se refere ao tratamento de pacientes com demência senil, já que todos os medicamentos testados têm sido frustrantes na prática, pois, se não conseguem ao menos reduzir a velocidade da progressão da doença, menos ainda conseguirão controlar os sintomas associados, para o que é necessário o uso, muitas vezes, de antidepressivos, tranqüilizantes e outros medicamentos não utilizados rotineiramente nos pacientes com demência.

Como a incidência e a prevalência da doença têm aumentado consideravelmente, levando-se em conta a velocidade de envelhecimento das populações, é provável que muito dinheiro e tempo sejam ainda investidos para que se possa encontrar fatores associados à terapêutica que nos permitam obter resultados de tratamento que ofereçam uma expectativa melhor de vida aos pacientes. Apesar de nossas severas limitações relacionadas ao tratamento da demência, alguns aspectos devem ser salientados, principalmente os relacionados à necessidade de realizar estudos mais profundos em relação a certas drogas, principalmente no âmbito dos antioxidantes, isolados ou associados a outras drogas — como o Tacrine —, para que se possa definir melhor as possíveis condutas terapêuticas no futuro vindouro. Evidentemente, abre-se um espaço muito grande para a pesquisa, onde a curiosidade do homem na procura do elixir da longa vida deverá associar-se à procura do tratamento da demência, que representa o envelhecimento cerebral irreversível. Ou será que teremos de esperar até a engenharia genética obter o fator de crescimento neuronal (motivo de prêmio Nobel), que, aparentemente, parece ser o único elemento, hoje, com futuro, no que toca à capacidade de estimular a regeneração cerebral?

APOIO MÉDICO-FAMILIAR-SOCIAL

Devido às limitações terapêuticas inerentes à demência senil, faz-se necessária a elaboração de um plano de ação que permita facilitar a convivência do paciente com a família, destes com a sociedade, e a inter-relação com o governo, principalmente nas famílias de baixa renda, a fim de permitir uma convivência sadia entre paciente, família e sociedade. Definido o diagnóstico, pouco podemos fazer para evitar a inexorável evolução da doença, e, como seu processo evolutivo demora de 7 a 10 anos, é necessário ter em mente o custo familiar e social que representa este paciente, que, não mais, poderá contribuir com sua experiência para a sociedade. Contudo, diferentemente é encarada a questão, representando, na maioria das vezes, uma carga econômica para a própria família e para toda a sociedade, por ser membro da mesma, obrigando o conjunto a responsabilizar-se pelo bem-estar de um de seus componentes.

O QUE A FAMÍLIA DEVE SABER

1) A doença é crônica e incurável;

2) tem um período evolutivo que varia de 7 a 10 anos, uma vez feito o seu diagnóstico;

3) o paciente passa de um período inicial, onde ainda existe possibilidade de um convívio social, a uma fase intermediária cheia de conflitos, dor e tristeza, condicionada pela involução a que a família assiste, até a fase final, onde existe uma prostração definitiva associada a uma imobilidade em posição fetal e ausência total de comunicação;

4) o paciente mostra vários momentos de lucidez, razão pela qual é preciso ter muito cuidado com os comentários que se realizam na presença do mesmo: comentários negativos levam a uma interiorização maior do paciente, que, inclusive, deixa de falar por temor de ser ridicularizado por seus próximos;

5) haverá um período prolongado onde a família terá de conviver com o paciente urinando e evacuando na cama, o que

representará um suplício para quem estiver encarregado de cuidar do ser querido; quando existem condições econômicas, são contratados funcionários que possam realizar essas atividades; quando não, a triste tarefa terá de ser revezada pela própria família;

6) a família termina se sujeitando às limitações impostas pela doença, que atinge a cada um dos seus membros; a intercomunicação e a mútua colaboração são muito importantes para facilitar a vida do paciente no curso evolutivo desta doença.

O QUE A FAMÍLIA PODE FAZER

1) No início da doença é muito importante que a família permaneça unida, colaborando nas necessidades do paciente e, principalmente, estimulando a que o paciente realize suas próprias atividades, para manter em funcionamento seus órgãos vitais. Estimular ler, assistir televisão, manter uma vida social ativa. Até quando a doença permitir é extremamente importante manter em constante atividade a função cerebral;

2) na segunda fase do curso evolutivo da doença, o paciente é, ainda, treinável. Assim, por exemplo, se já está na fase de incontinência urinária (não controla a eliminação de urina nem de fezes), é necessário, em determinados períodos, levar o paciente até o banheiro e estimular que o mesmo realize suas necessidades fisiológicas, a fim de evitar os constrangimentos de ter trocar constantemente as fraldas e as roupas de cama sujas;

3) se possível, manter o contato social, assim como o estímulo cerebral, através de trabalhos manuais, para manter o paciente em constante atividade; controlar a depressão, agitação e outros sintomas psiquiátricos através de medicamentos prescritos pelo médico encarregado de cuidar da saúde do paciente. Igualmente, é importante manter o paciente em equilíbrio, caso o mesmo seja portador de outras doenças, tais como diabetes, hipertensão, insuficiência cardíaca, insuficiência respiratória, paralisia de membros por derrame, patologia de tireóide, devendo-se manter a medicação necessária para controlar estas doenças e não acelerar a morte do paciente por negligência;

4) quando o paciente encontra-se na terceira fase da doença, já tendo adotado a posição fetal, dever-se-á tomar os cuidados referentes às complicações associadas à doença para evitar a aceleração do fim do paciente. Cuidados especiais devem ser tomados com as escaras de decúbito, que se formam principalmente nos locais onde os ossos se colocam em

contato com a superfície da cama, e vão erodindo a pele e o tecido celular subcutâneo até provocar a presença de úlceras, que, em pacientes normais, provocariam dor e incômodo e, entretanto, em pacientes com demência, é como se não existissem. Cuidados especiais devem ser tomados para que os pacientes não desenvolvam infecções pulmonares, principalmente pelo decúbito (estarem deitados o tempo todo) e pelas mudanças bruscas de temperatura, e, quando o paciente tiver pneumonia, fazer um diagnóstico precoce (porque normalmente esses pacientes não apresentam febre nem tosse, apenas mudanças no nível de consciência, dormir constantemente etc.), para poder administrar apropriadamente os medicamentos necessários;

5) cuidados com infecções urinárias também devem ser observados, por serem muito freqüentes, também pelo decúbito, permanecendo urina remanescente na bexiga, o que facilita a multiplicação dos micróbios. O diagnóstico, normalmente, é feito pelo severo cheiro que têm as fraldas, ou pela impregnação no quarto.

O paciente deve ser mudado de posição constantemente para evitar as escaras ou as infecções, e quando as primeiras tenham acontecido, é necessário usar colchão de água ou pele de cordeiro para diminuir a agressividade das úlceras e, inclusive, a velocidade de crescimento das mesmas.

O PACIENTE DEVE SER COLOCADO EM CASA DE REPOUSO?

Evidentemente, para quem não tem contato direto com o paciente fica fácil dizer à família que ela deveria cuidar do paciente em casa, que a mãe ou o pai cuidaram dele por 20 ou mais anos, e que agora é momento de devolver as atenções recebidas. Logicamente, existem diferenças entre estes conceitos, assim como existem filhos que definitivamente assumem o cuidado dos pais, independentemente do custo social, econômico e do trabalho que possa representar. Mas existem também filhos que querem se ver livres da responsabilidade, ou não têm condições físicas, psicológicas e/ou econômicas para manter o paciente em casa, e decidem colocá-lo em uma casa de repouso. Segundo o conceito universal, casa de repouso — como o nome indica — deveria ser um lugar onde o paciente é internado para repousar nos últimos anos de sua vida, recebendo o mínimo necessário para manter uma qualidade de vida merecida, incluindo cuidados pessoais, alimentação, saúde, lazer, intercâmbio social etc. Lamentavelmente, porém, em nosso país a maioria das casas de repouso funcionam, com raras exceções, como cemitério de velhos, onde eles são depositados para a família ter liberdade para trabalhar, ou para manter uma vida social com lazer, viagens e negócios, que não sofra interferência dos velhos, que precisam constantemente de ajuda. É claro que se as casas de repouso no Brasil mantivessem um padrão de funcionamento como nos Estados Unidos ou na Europa, a qualidade de vida do paciente com demência, ou do idoso em si, estaria garantida, seja pela própria família, seja pelo governo, mas, nesse ponto, temos dois problemas: muitas das famílias não possuem condições econômicas suficientes para manter o idoso em uma casa de repouso de respeito, que garanta o mínimo indispensável para que tenha uma vida qualitativamente razoável, e o governo, nos seus desmandos, mal consegue manter um precário sistema de saúde em funcionamento, quanto mais ter condições de fazer funcionar asilos que mantenham o decoro na vida daqueles que contribuíram com experiência e dinheiro, em sua juventude, para o crescimento da sociedade. No Brasil, para ter o idoso internado em uma casa de repouso que se preze, é necessário dispor de facilidades econômicas, caso contrário o mesmo será internado em cemitério de velhos, onde a qualidade de vida é paupérrima e a expectativa de vida do mesmo se reduz à mínima expressão, devido ao descaso que receberá nestes lugares.

Na prática, definiríamos a decisão de colocar ou não em uma casa de repouso segundo os seguintes parâmetros:
1) se a família tem condições econômicas e mantém um intenso laço de amor fraternal, colocará enfermeiras a serviço do paciente 24 horas por dia, para manter a qualidade de vida desejada, quanto à higiene, lazer, alimentação, repouso, caminhadas etc. É, provavelmente, a melhor atenção que se possa dar a um idoso e, mais ainda, a um paciente com demência em qualquer fase da evolução da doença;
2) em situações econômicas desfavoráveis, é importante considerar até que ponto o amor filial predomina sobre as necessidades inerentes às dificuldades econômicas, e, se o amor está em primeiro lugar, o paciente terá as mesmas comodidades sem o luxo que os pacientes de famílias melhor sucedidas economicamente poderiam usufruir, mas, nessas condições, o futuro dado ao paciente é similar ao de situação econômica mais favorável;
3) muitas famílias em condições econômicas favorecidas preferem deixar toda a responsabilidade a uma casa de repouso, ar-

cando, simplesmente, com as despesas, e fazendo visitas ocasionais ao paciente. Se as casas de repouso apresentam as condições ideais para o paciente desenvolver suas atividades ele terá uma razoável expectativa de vida, principalmente naquela fase em que não lembra mais nem quem é a família, nem o que ele está fazendo neste mundo;

4) o maior problema é quando existe uma situação sócio-econômica pouco favorecedora, o que obriga a família a colocar o paciente numa casa de repouso principalmente como uma forma de liberar-se do fardo proporcionado pelo trabalho que o paciente com demência impõe a ela. Então, o paciente é colocado em uma casa de repouso que de repouso só tem o nome. Evidentemente, a expectativa de vida do paciente se reduz à sua mínima expressão, porque o desleixo e o descaso que ele sofre acelera a sua morte, principalmente por escaras e infecções que terminam em septicemias.

As opções foram dadas, as escolhas são exclusivas de quem tem a responsabilidade sobre o paciente. Qualquer decisão tomada deverá ser sem remorsos, tentando colaborar da melhor forma possível para a qualidade de vida do paciente.

O QUE O GOVERNO DEVE E PODE FAZER

Exigir que o governo copie os sistemas de atendimento aos idosos que existem nos países desenvolvidos e industrializados, seria pecar por ignorância, considerando que o governo mal consegue administrar um sistema de saúde corrompido, incompleto, ineficaz e, principalmente, insuficiente. Tem, efetivamente, o governo, responsabilidades com sua população, principalmente com o grupo de idosos, número de indivíduos que tem aumentado e que evidentemente representa uma carga econômica para a sociedade. Porém esses idosos contribuíram, na sua juventude, com trabalho, suor, experiência, dinheiro e carinho para a sociedade, a qual não pode dar as costas para eles.

Na maior simplicidade, o que pode ser feito é:

1) utilizar casas e prédios desapropriados pelo governo como casas de repouso, as quais deverão ter o mínimo desejável de condições de habitabilidade;

2) garantir uma alimentação equilibrada, que contenha, no mínimo, 50% de carboidratos, 15% de proteínas e 35% de gorduras; considerando o grupo etário de pacientes sob cuidado, uma leve suplementação de vitaminas e sais minerais se faz necessária;

3) manter estagiários de fisioterapia a fim de coordenar as atividades físicas dos pacientes internados, primeiro para reduzir os custos, segundo para dar condições a esses profissionais de se aprimorarem, e, principalmente, para manter o sistema orgânico desses pacientes em constante movimento e atividade;

4) assim como deve haver estagiários de fisioterapia, é necessária a presença de estagiários de psicologia, realizando trabalhos individuais e de grupo, a fim de manter as funções mentais em atividade, de modo a preservar a estrutura cerebral presente. Isso também representa um custo mínimo, além de um importante treinamento para o futuro psicólogo, sem dúvida beneficiado por este trabalho;

5) o médico, evidentemente, é de suma importância para manter a saúde dos

pacientes, assim como prevenir possíveis fatores de risco que possam acelerar a doença de base ou associá-la com complicações como escaras e infecções. Como uma forma de reduzir custos, seriam incluídos no programa estagiários de primeiro e segundo ano de residência em especialidades clínicas, que deveriam cumprir, obrigatoriamente, estágio em casa de repouso para familiarizar-se com as doenças que predominam no envelhecimento.

Analisando do ponto de vista econômico, as despesas que este plano de ação pode gerar são mínimas, e podem ser, portanto, praticamente desprezadas. Ademais, são muitas as vantagens a ele inerentes, principalmente no âmbito dos benefícios à saúde da população idosa e daqueles adoentados com demência senil, servindo como um alívio para as famílias que, em lugar de ficarem presas ao paciente, poderão gozar de liberdade para trabalhar e contribuir para a sociedade. Não obstante, o plano apresentado não representa votos eleitorais, e somente será colocado em prática quando existir no governo o interesse único de contribuir para com a sociedade, já que as despesas, como dito, seriam ínfimas. Para concluir, deverá, este plano, ser abrangente e considerar pacientes de todas as condições econômicas. Dependendo, inclusive, de uma prévia classificação sócio-econômica, poderia funcionar como uma fundação, recebendo contribuições para a manutenção do programa, podendo servir, ao mesmo tempo, como meio de angariar fundos para a implementação dos serviços já existentes ou a implantação de novos serviços.

CONCLUSÕES

A demência senil é uma doença sem cura, de curso crônico e irreversível e prognóstico sombrio, apesar de todos os intentos terapêuticos da atualidade. O diagnóstico nos estádios primários da doença é muito difícil e, uma vez feito o diagnóstico, a doença evolui para a morte em um período de 7 a 10 anos.

Existe um grande interesse dos laboratórios de produtos farmacêuticos, assim como dos médicos, na procura de possibilidades terapêuticas que ajudem a controlar o processo evolutivo da doença ou que possam agir como um preventivo; porém, em termos reais, as possibilidades existentes são remotas. É necessária uma importante interação entre a família e os pacientes, assim como a colaboração da sociedade como um todo, a fim de que se possa controlar a doença, permitindo a integração do indivíduo em suas atividades rotineiras. A participação do Estado é de importância vital para se poder realizar uma série de atividades, assim como um plano assistencial que dê uma cobertura mínima à população idosa e, em especial, aos pacientes com demência senil.

Por enquanto as nuvens cobrem o universo da demência, o futuro aparentemente não é promissor, não existe nenhuma possibilidade terapêutica definitiva — mas existe um grande interesse de todos aqueles que estão engajados na luta para obter uma solução definitiva ou parcial para o problema, que hoje se apresenta como uma epidemia, denominada DEMÊNCIA SENIL.

ESCALA DE DEPRESSÃO GERIÁTRICA

(1)	Em geral, você está satisfeito com sua vida?	sim/não
(2)	Você abandonou várias de suas atividades ou interesses?	sim/não
(3)	Você sente que sua vida está vazia?	sim/não
(4)	Você se sente aborrecido(a) com freqüência?	sim/não
(5)	Você está de bom humor durante a maior parte do tempo?	sim/não
(6)	Você teme que algo de ruim aconteça com você?	sim/não
(7)	Você se sente feliz durante a maior parte do tempo?	sim/não
(8)	Você se sente desamparado(a) com freqüência?	sim/não
(9)	Você prefere ficar em casa a sair e fazer coisas novas?	sim/não
(10)	Você acha que apresenta mais problemas com a memória do que antes?	sim/não
(11)	Atualmente, você acha maravilhoso estar vivo(a)?	sim/não
(12)	Você considera inútil a forma em que se encontra agora?	sim/não
(13)	Você se sente cheio de energia?	sim/não
(14)	Você considera sem esperança a situação em que se encontra?	sim/não
(15)	Você considera que a maioria das pessoas está melhor do que você?	sim/não

As seguintes respostas valem um ponto:

(1) Não	(4) Sim	(7) Não	(10) Sim	(13) Não
(2) Sim	(5) Não	(8) Sim	(11) Não	(14) Sim
(3) Sim	(6) Sim	(9) Sim	(12) Sim	(15) Sim

Os escores inferiores a 5 são normais; 5-10 indicam depressão leve a moderada; escores acima de 10 indicam depressão grave. Estes pacientes devem, portanto, ser tratados para depressão.

MINIEXAME DO ESTADO MENTAL

		Escore	Pontos
Orientação			
1. Qual é o(a)	Ano?	_____	1
	Estação?	_____	1
	Data?	_____	1
	Dia?	_____	1
	Mês?	_____	1
2. Onde estamos?	Estado?	_____	1
	País?	_____	1
	Cidade?	_____	1
	Hospital?	_____	1
	Andar?	_____	1

Registro
3. Mencione três objetos, levando 1 segundo para cada um. Então, pergunte ao paciente sobre os três objetos após você os ter mencionado. Estabeleça um ponto para cada resposta.
Repita as respostas até o paciente apreender todos os três. _____ 3

Atenção e cálculo
4. Série de sete. Estabeleça um ponto para cada resposta correta. Interrompa a cada cinco respostas.
Alternar: Soletre MUNDO de trás para frente _____ 5

Lembrança
5. Pergunte o nome dos três objetos apreendidos na Questão 3. Estabeleça um ponto para cada resposta correta _____ 3

	Escore	Pontos
Linguagem		
6. Aponte para um lápis e um relógio. Faça o paciente dizer o nome desses objetos conforme você os aponta.	_____	2
7. Faça o paciente repetir "Não tem se nem mas".	_____	1
8. Faça o paciente seguir um comando de três estágios: "*Pegue o papel com a mão direita. Dobre o papel ao meio. Coloque o papel no chão*".	_____	3
9. Faça o paciente ler e obedecer ao seguinte: FECHE OS OLHOS. (Escreva em letras grandes)	_____	1
10. Faça o paciente escrever uma frase de sua própria autoria. (A frase deve conter um sujeito e um objeto e fazer sentido. Ignore erros de ortografia ao marcar o ponto.)	_____	1
11. Aumente o desenho impresso abaixo para 1,5 cm em cada lado e faça o paciente copiá-lo. Estabeleça um ponto se todos os lados e ângulos forem preservados e se os lados da intersecção formarem um quadrilátero.	_____	1
Total		30

AVALIAÇÃO DO MIXIEXAME DO ESTADO MENTAL	
	Escore[1]
Idosos normais	24-30
Depressão com disfunção cognitiva	9-27
Declínio mental senil	<23
Demência senil	<17 (0-17)

[1] Máximo 30, mínimo 0

De acordo com Rabins e Folstein (1983) os pacientes com escore igual ou inferior a 24 são considerados definitivamente comprometidos do ponto de vista cognitivo. A precisão do teste não é total quando aplicado em demência de estágio muito inicial: portanto, neste caso, um escore normal não exclui a presença de demência.

ESCORE ISQÜÊMICO DE HACHINSKI
(segundo modificação de Eisdorfer e Cohen)

		Escore	Avaliação
(1)	Início abrupto (de declínio mental)	2	———
(2)	Deterioração em etapas	1	———
(3)	Curso oscilante	2	———
(4)	Confusão noturna	1	———
(5)	Instabilidade emocional	1	———
(6)	História de hipertensão	1	———
(7)	História de acidentes vasculares cerebrais	2	———
(8)	Evidência de associação de aterosclerose	1	———
(9)	Sintomas neurológicos focais	2	———
(10)	Sinais neurológicos focais	2	———

Um escore total igual ou inferior a 4 indica que a demência é do tipo degenerativo primário e não de origem vascular. Escores iguais ou superiores a 8 indicam que a demência é de origem vascular (demência por multiinfarto) ou que é uma das formas combinadas comuns de demência vascular e degenerativa.

O escore para isquemia não pode ser considerado um índice exato, uma vez a avaliação de uma série de sintomas é subjetiva ou depende de fatores externos não vinculados à doença. Vários autores enfatizaram que o escore apresenta validade limitada em pacientes muito idosos.

TIRE SUAS DÚVIDAS

1) A demência senil é uma doença transmissível ou hereditária?

R. - Até onde é conhecida a demência senil definitivamente não é uma doença transmissível, já que não existe agente etiológico envolvido, nem casos identificados de transmissão da doença.

Sobre a possibilidade de hereditariedade os fatos ainda são confusos, somente foi identificado um aumento na incidência de demência senil em famílias onde existem crianças portadoras de Síndrome de Down, ou mongolismo, acreditando-se que o cromossomo 21 é atingido em ambas patologias.

2) Existe possibilidade de cura da demência senil?

R. - Como já foi descrito não existe possibilidade de cura até o presente, apesar de todos os esforços realizados para identificar um tratamento que consiga reverter o processo evolutivo da doença.

O maior problema está relacionado com o fato que desconhecemos a origem da doença o que dificulta enormemente as possibilidades terapêuticas, porém não está descartada a possibilidade de que no futuro vindouro venha a ser descoberto não somente a causa definitiva da doença, como também, se consiga implantar um procedimento terapêutico que consiga inibir a evolução do quadro clínico dos pacientes acometidos desta patologia.

3) É possível prevenir a demência senil?

R. - Seria a solução definitiva para o problema, porém não existe prevenção conhecida da demência senil, nenhuma aproximação terapêutica que possa impedir a aparição desta doença, e definitivamente os pacientes acometidos por esta patologia evoluem para uma degeneração progressiva crônica e irreversível.

4) O prognóstico pode ser melhor, dependendo do tipo de demência?

R. - A demência senil tipo Alzheimr e Pick invariavelmente evolui para o fim do paciente com todas as características já expostas no conteúdo geral deste livro. Acredita-se que existam possibilidades remotas, porém, ainda viáveis, em pacientes com demência senil de múltiplos infartos.

5) É possível fazer um diagnóstico precoce da demência senil?

R. - No início do quadro a demência senil se confunde com uma série de patologias tratáveis, como são principalmente os quadros, depressivos, o que dificulta fazer um diagnóstico acurado e rápido no início do quadro evolutivo, e apesar de poder fazer o diagnóstico nesta fase não se consegue mudar o histórico da doença, talvez algum no caso da demência por múltiplos infartos.

6) O Tacrine recentemente incorporado no mercado farmacológico é a resposta esperada para o tratamento da demência senil?

R. - Esta é uma droga administrada para melhorar a formação da acetilcolina, que como já foi explicado, age como um neurotransmissor entre as células cerebrais para que os estímulos sejam adequadamente interpretados para definir a resposta que o cérebro enviará aos estímulos recebidos.

A deficiência de acetilcolina é apenas um dos fatos comprovados como deficientes na demência senil, porém, definitivamente não é o único, fato que eventualmente limita o fenômeno de sucesso terapêutico do Tacrine.

Em segundo lugar é uma droga extremamente tóxica a nível hepático, o que determina a necessidade de suspendê-la nos pacientes por causa desta eventualidade que se apresenta com grande freqüência.

Sem dúvida que a incorporação do Tacrine representa um passo importante na aquisição de novos programas terapêuticos nos pacientes com demência senil, porém ainda estamos longe daquilo definido como ideal para o tratamento.

7) Tem-se publicado recentemente que é possível fazer um diagnóstico dos possíveis pacientes a desenvolver demência senil. Seria este um fato definitivo para o desenvolvimento da profilaxia.

R. - Na Inglaterra foi desenvolvido um teste relacionado a depósito de material amilóide (que se encontra em abundância no cérebro de pacientes com demência senil) que identificaria os pacientes candidatos a desenvolver esta doença.

Este fenômeno define duas situações: a primeira, que ao fazer o diagnóstico da positividade estaríamos condenando o paciente para o resto de sua vida ativa, já que não temos possibilidades terapêuticas, e em segundo lugar, ainda não sabemos a eficácia assim como os resultados falsos-positivos e negativos que possam acompanhar este exame. Sem dúvida é um avanço que tem que ser tomado com precaução e ser pensado detidamente se é recomendável fazer um "*screening*" através deste procedimento de diagnóstico.

8) O paciente, ou a família devem ser informados do diagnóstico?

R. - Em relação ao paciente, principalmente este estando lúcido, é definitivamente necessário analisar as vantagens de informá-lo da situação, pelos efeitos negativos que podem desencadear o processo evolutivo da doença. E quanto aos familiares é peremptório informar da doença, da evolução e de todos os fatos negativos que se associam a eles, para que os mesmos possam estar adequadamente preparados para lidar com uma situação tão conflitante e difícil como é a demência senil.